UNE HISTOIRE
DE VALENTIN

Données de catalogage avant publication (Canada)

Boisvert, Nicole M.-

    Une histoire de Valentin
    (Collection Plus)
    Pour les jeunes de 7 ans et plus.
    ISBN 2-89428-432-2

    I. Titre. II. Collection

PS8553.O467P47 2000   jC843'.54   C00-940900-9

L'éditeur a tenu à respecter les particularités linguistiques des auteurs qui viennent de toutes les régions de la francophonie. Cette variété constitue une grande richesse pour la collection.

Directrice de collection : **Françoise Ligier**
Maquette de la couverture : **Marie-France Leroux**
Mise en page : **Lucie Coulombe**

Les Éditions Hurtubise HMH bénéficient du soutien financier des institutions suivantes pour leurs activités d'édition :

– Conseil des Arts du Canada ;
– Gouvernement du Canada par l'entremise du Programme
  d'aide au développement de l'industrie de l'édition (PADIÉ) ;
– Société de développement des entreprises culturelles au
  Québec (SODEC).

© Copyright 2000
Éditions Hurtubise HMH ltée
1815, avenue De Lorimier
Montréal (Québec) H2K 3W6 CANADA
Téléphone : (514) 523-1523

ISBN 2-89428-432-2

Dépôt légal/3e trimestre 2000
Bibliothèque nationale du Québec
Bibliothèque nationale du Canada

Distribution en France : Librairie du Québec/DEQ

Imprimé au Canada

UNE HISTOIRE DE VALENTIN

Nicole M.-Boisvert

illustré par
François Thisdale

Collection Plus
dirigée par Françoise Ligier

Grande voyageuse, **Nicole M.-BOISVERT** aime les bateaux, le vélo, les chevaux et les horizons nouveaux. Elle aime partir... pour mieux revenir. Avec dans ses bagages des histoires de mer, des histoires de chevaux ou des histoires d'îlots. Nicole aime les fables, les contes tendres et les romans remplis d'espoir.

Elle a publié L'*Étoile de l'an* 2000 dans la collection Plus.

François THISDALE est né à Montréal. Depuis 1986, il illustre toutes sortes de livres, des revues et des affiches publicitaires. C'est le septième roman qu'il illustre dans la collection Plus. Bien installé dans sa maison de campagne, il puise son inspiration dans la musique, troquant fréquemment ses pinceaux pour sa guitare et ses rythmes jazzés.

1

Valentin

 **C'est l'été. Le ciel est bleu vacances. Les grandes épinettes** s'élèvent sur le bout des pieds pour chatouiller les nuages. Une risée fait onduler l'eau du lac Wayagamac.

Dans la brume du matin, un garçon regarde son chalet, son lac, son canoë, sa bicyclette et sa planche à voile. Il ne sourit même pas. Il a huit ans. Il est en pleine santé. Mais pourquoi est-il si triste ?

Au loin, un huard solitaire plonge sous l'eau. Il y reste longtemps, très longtemps. Puis, il refait surface près de la rive. Le garçon lui fait signe de la main et l'appelle :

— Viens, Dollard, viens là ! Viens jouer avec moi !

Le huard, comme tous les huards, ne parle aucune langue connue. Effrayé, il replonge et disparaît sous l'eau, pour longtemps, très longtemps.

— Ah ! Zut de pet de lapin ! maugrée Valentin. Pourquoi t'en vas-tu ? J'avais inventé un jeu amusant pour toi et moi ! Tu es bête ! Vraiment bête ! D'ailleurs, tout le monde est bête ! Je n'aime pas la campagne.

— À qui parles-tu? entend soudain Valentin qui se croyait seul.

Son père est derrière lui. Alex,
un homme grand et sec, s'avance sur
le quai.

— Tu te parles à toi-même, maintenant?

Le gamin hausse les épaules.

— À qui veux-tu que je parle ? Je suis toujours seul. Il n'y a que trois chalets autour du lac et personne avec qui jouer.

— Allons donc ! Je suis là, ta mère est là !

— Ouais ! Mais vous, ce n'est pas pareil ! J'aime mieux la ville.

— Mais il fait beaucoup trop chaud, là-bas !

— Et après ? En ville, j'ai des tas d'amis et des tonnes de choses à faire.

— Ici aussi nous avons beaucoup de choses à faire. J'allais justement te proposer une partie de pêche.

— Je n'aime pas la pêche.

— Depuis quand ?

— Depuis tout de suite.

2

Alex

 **Valentin boude. Il dit non à tout. Il gro-gne, il marmonne, il** ronchonne. Il peste et rouspète.

— Qu'est-ce que tu dis ? demande Alex.

— Rien, répond Valentin.

— Comment, rien ? Je sens que tu en as gros sur le cœur.

— Mmmum... Je m'ennuie tout seul. Quand tu avais mon âge, qu'est-ce que tu faisais, toi, au chalet ?

— Moi ? Euh... Je jouais avec mes frères, mes sœurs et mes copains.

— Eh bien, voilà !

— Eh bien voilà, quoi ?

— Toi, au moins, tu peux jouer avec maman ! Pourquoi, moi, je n'ai pas de frères ? Ou de copains ? Je n'ai même pas de sœur !

Alex arpente le quai. Il se gratte la tête.

— Justement, Valentin, ta maman et moi songeons à te faire un petit frère ou une petite sœur.

— Je n'aime pas beaucoup les filles, tu sais.

— Tu dis n'importe quoi, Valentin. Tu oublies que ta mère est une fille.

— Ce n'est pas une fille. C'est ma mère ! Et puis, comment as-tu fait, toi, papa, pour devenir ami avec maman ?

— Oh! Ça, c'est une longue histoire...

— Tant mieux. Raconte-la. Je n'ai rien, rien, rien à faire.

La main en écuelle, Alex se penche au-dessus de l'eau pour se rafraîchir.

— Tu es une vraie petite peste, ce matin. Que veux-tu savoir exactement ?

— Tout, tiens ! Toi, maman... Tu sais bien, l'amourrr..., les choses.

Le père rit dans sa barbe... de cinq jours. Il s'approche de son fils et prend le petit visage entre ses deux paumes.

— D'accord. Je te raconte le début. Notre toute première rencontre, O.K. ?

— O.K.

— Tu sais déjà que Vivianne et moi avons grandi dans le même village. À cinquante kilomètres d'ici. Quand je la voyais, le cœur me faisait des *chtouilles*.

— C'est quoi, des *chtouilles* ?

— C'est... comme un aimant qui...

— C'est quoi un aimant ?

— C'est un bout de fer qui est attiré par un autre. Tu vois, c'est une personne qui est attirée par une autre personne. Tu comprends ?

— J'sais pas...

— Écoute. Vivianne était une fille pas comme les autres filles. Je la regardais tout le temps. Elle m'attirait, tu vois ?

— Comme un aimant ?

— Comme un aimant. Je savais qu'elle m'observait aussi... quand

je ne la regardais pas. Mon copain
me l'avait dit.

— Pourquoi l'aimais-tu, Vivianne ?

— Parce qu'elle était curieuse.
Elle voulait toujours tout savoir. Et
j'adorais ses taches de rousseur. On
aurait dit des confettis collés sur son
visage et sur ses bras. Elle avait
beaucoup d'amis.

— Chanceuse ! renifle Valentin.

— Moi, je voulais devenir son meilleur ami. Je ne savais pas comment faire. Je *chtouillais* à mort. Et puis un jour, tout ce que j'ai trouvé à dire, c'est : « Aimes-tu le tir à l'arc ? » Elle a répondu : « Oui. » Alors je lui ai demandé : « Aimerais-tu que je te prête mon arc, mon carquois et mes flèches ? » Et elle a répondu : « Oui. »

Depuis, on est amis et on ne s'est plus jamais quittés.

— C'est tout ?

— Euh, non ! Vivianne a gagné le concours de tir à l'arc le samedi suivant... avec mon arc !

— Et après ?

— Après ? Bien, Vivianne me trouvait très gentil. On parlait, on faisait des excursions ensemble...

— Et après ?

— Eh bien... Je ne me souviens plus.

Valentin se lève, fâché.

— Zut de crottes de lapin ! Toujours pareil. Vous, les adultes, vous ne racontez jamais la fin des vraies histoires. En tous cas, moi, je n'ai pas envie d'aller à la pêche. Nan !

3

Vivianne

Plus tard, au bord de la plage, Vivianne lit. Valentin joue tout près. Il choisit, dans une grosse pile, des rondins taillés et abandonnés par les castors.

— Regarde, maman, je construis un pont. On pourra traverser le petit ruisseau à pied sec.

— Quelle bonne idée !

— Maman ?

— Oui, chéri.

— Euh..., comment as-tu fait, toi, maman, pour devenir l'amie de papa?

Vivianne pose son livre sur ses genoux. Son visage s'éclaire. Un petit sourire frise ses lèvres. Valentin la regarde, comme s'il n'avait jamais vu sa mère avant ce jour.

«Elle avait peut-être attrapé les *chtouilles*, elle aussi!» se dit le fils intrigué.

— Comment suis-je devenue l'amie de ton père? Ah ça! mon Valentin, c'est une longue histoire...

Valentin se fige un quart de seconde.

— Ah ça! je le sais, répond-il du tac au tac. Papa me l'a déjà dit. Ce que je veux savoir, c'est la *vraie* histoire.

— Hum... Ton père, vois-tu, est un homme rempli d'imagination.

— C'est l'histoire, maman, toute l'histoire que je veux...

— D'accord. Bon, voilà. C'était l'été. On faisait un pique-nique. Le ciel était bleu vacances. La brise était câline. Il n'y avait qu'une toute petite risée sur l'étang. Puis, le vent est allé dormir. L'eau est devenue toute plate. Plate comme un miroir. Alors ton père s'est levé, il m'a regardée avec son œil coquin. Je n'ai pas bougé. Il s'est avancé dans l'étang. Il avait de l'eau jusqu'aux mollets. Il riait très fort. Il s'est tourné vers moi et a lancé : « Viens voir ! » Je me suis levée. Je l'ai regardé. Il s'est penché au-dessus de l'eau et a écrit : « Je t'aime, Vivianne. »

Pendant une seconde, Valentin, incrédule, reste bouche bée. Les yeux grands comme des soleils, il fixe sa mère.

— Hein ! Papa a écrit sur l'eau ? Mais comment on fait ça ? C'est impossible !

— Je te dis que c'est possible. Je l'ai vu, de mes yeux vu. On trouve le truc tout seul, m'a dit ton père.

— Comment ?

— On le trouve quand on est vraiment amoureux !

— Ah !

Pendant un moment, ni la mère ni le fils ne disent mot. L'imagination de Valentin s'envole comme un cerf-volant. Soudain, la mauvaise humeur jaillit de ses yeux.

— Mais, maman ! Ce n'est pas du

tout la même histoire que celle de papa !

La colère lui monte au nez. Valentin bondit. Il file vers la forêt par le premier sentier venu.

— Valentin ! crie Vivianne. Où vas-tu comme ça ? Reviens que je t'explique.

Le garçon n'entend pas. Il se bouche les oreilles. Il court. Un lièvre

détale. Une perdrix secoue ses plu-
mes. Valentin bifurque soudain vers
un autre sentier. Celui qui mène à la
route ceinturant le lac. Tout à coup, il
se prend les pieds dans une racine et
tombe de tout son long, le nez dans
les bleuets. Son genou est éraflé.

— Crottes ! Ça saigne !

Des bruits, des cris, des bruisse-
ments lui répondent. Un animal se
déplace sans doute dans le sous-bois.
Valentin sonde la forêt sauvage.

Frrt! Crac! La peur gagne le garçon. Il entend un froissement de feuilles. Toc! toc! Son cœur cogne dans sa poitrine. Des pas souples se rapprochent. Une grande branche de sapin s'écarte. Un buisson bouge.

— T'es-tu fait mal? demande une voix claire.

Un visage apparaît.

— Ah! soupire Valentin, tu es une fille.

— Bien sûr que je suis une fille.

— Tu as quel âge?

— Le même que toi. Mon oncle me l'a dit. J'habite le chalet de bois rond. Je suis ta nouvelle voisine.

La fille a les cheveux bruns et les yeux noisette. «Tiens, tiens! Elle a des confettis sur le visage et les bras!» se dit le garçon.

— Bon, dit la fille, on ne va pas rester plantés là comme des épinettes, non?

— C'est vrai, ça.

Curieusement, Valentin se sent tout drôle. Là, en dedans. «Oh! se dit-il troublé, j'ai peut-être les *chtouilles*... comme papa!»

— Veux-tu jouer avec moi? demande la fille.

— Euh..., oui. Sais-tu tirer à l'arc?

— Mmm... Je ne crois pas.

— Ah! dommage. J'aurais pu te prêter mon arc et mes flèches.

— Mais pourquoi on ne va pas se promener en canoë sur le lac? On pourrait pêcher? Aimes-tu la pêche?

— Moi, j'aime beaucoup, beaucoup la pêche! Tu t'appelles comment?

— Tina.

— C'est ton vrai nom ?

— C'est Valentina, mais tout le monde m'appelle Tina.

— Ah ! Mon nom à moi, c'est Valentin. C'est drôle, hein ?

La forêt en rit. L'écho du lac aussi.

4

Valentina

 **Comme si son genou ne lui faisait plus mal, Valentin court** vers son chalet, suivi de Tina. Au détour du sentier, ils tombent nez à nez avec Alex, tout essoufflé.

— Te voilà enfin ! gronde le père.

— Je... j'étais avec Tina, ma nouvelle amie.

Le père, compréhensif, ravale son inquiétude et sourit à la copine de son fils.

— Tu es la nièce de Georges, n'est-ce pas? Celle qui est arrivée au lac hier soir?

— Oui, m'sieur.

— Ça tombe bien. Ton oncle est chez nous. Il te cherchait. Venez, vous deux, on va faire une belle partie de cartes.

Valentin et Valentina se lancent une œillade.

— On partait justement à la pêche, p'pa.

— Tu aimes la pêche, maintenant?

— Bien sûr que oui, p'pa. On n'ira pas dans le profond et on mettra nos vestes de sauvetage. On peut?

— Le soleil est déjà haut pour la pêche.

— Ça ne fait rien. Je suis sûr que ça mordra. Viens, Tina.

Du ponton, les jeunes embar-
quent dans le canoë. Ils pagaient en
jacassant jusqu'à la petite anse.

Valentin tâte les mouches. Il appâte et papote. Tina placote et tripote les vers. Pour tout, pour rien, ils pouffent de rire. Soudain, Valentin hurle.

— Tina, ça tire ! J'en ai un !

À deux, ils remontent leur prise.

— Qu'est-ce qu'elle est belle notre truite ! clame Tina.

— C'est le plus beau, le plus merveilleux poisson jamais pêché au lac, ajoute Valentin. Je suis très content d'être ton ami, Tina. Le sais-tu, toi, comment ton père et ta mère sont devenus amis?

— Euh..., oui. Mais je ne m'en souviens plus.

— Sais-tu ce que c'est, des *chtouilles*?

— Des *chtouilles*? Non. Est-ce que c'est un vrai mot?

— Hum... Je ne sais pas encore.

5

Valentin et Valentina

Quand Vivianne et Alex ont dit : « Oui, Valentina peut dor-mir à la maison si son oncle le permet », Valentin a rougi comme les derniers rayons du soleil couchant.

Tôt, le lendemain matin, Valentin se rend au bord de la plage. Sûr que personne ne l'espionne, le garçon avance dans l'eau jusqu'aux chevilles. Le vent n'est pas encore levé.

Dans sa main gauche, Valentin tient une plume de huard. Il se penche. Avec la pointe, il trace très lentement un mot, un seul : *Valentina*. Le gamin regarde, déçu. Très, très déçu. Rien ne s'est imprimé sur la surface. « Pourquoi ça ne marche pas ? Comment il a fait, mon père ? » Valentin reprend sa plume. Il se

courbe au-dessus du lac. Cette fois,
à toute vitesse, il écrit : *Tina*. Mais
l'eau, toujours, efface les traces.
« Crottes ! Si mon père a réussi,
pourquoi, moi, je ne peux pas ? »

— À moins que…, chuchote-t-il.

Valentin court vers le chalet, entre
dans la salle de bain, ouvre un tiroir,
attrape une bombe de mousse à
raser, retourne à la plage et entre

à nouveau dans l'eau. Il secoue la bombe et appuie sur le bouton. Pschitt, pschitt. La mousse à barbe se répand sur l'eau, d'abord en forme de T, puis en forme de I... Valentin recule d'un pas. Il constate l'effet. Fou de joie, il crie :

— Ça marche ! Je peux écrire sur l'eau !

Mais comme la mousse, la joie de Valentin s'émousse. La crème s'éparpille ici et là, formant de petits îlots flottants, qui sont vite emportés par le courant.

— Zut de pet ! C'est raté.

Une deuxième idée surgit. À grandes brassées, le garçon ramasse des rondins de castors.

— Il m'en faut huit. Il compte sur ses doigts. Non, j'ai besoin de neuf bouts de bois. C'est ça. Cette fois, je le sens, ça va marcher.

De retour dans l'eau, des rondins plein les bras, il en place deux en forme de T, un autre en forme de I, puis trois en forme de N et les trois derniers en forme de A. Valentin admire son œuvre, heureux. Il soupire d'aise. Sur le sable mouillé, il trace trois X, pour autant de petits baisers.

Dans son dos, quelqu'un applau-
dit. Valentin pivote. Il voit Tina. Elle
rit. Valentin *chtouille*.

— ... Combien de temps vas-tu
rester au lac, Tina ?

— Tout l'été, je pense... Si mon
oncle le veut bien.

— ...

Et ce matin-là, dans le ciel bleu
vacances, Dollard, le huard, a volé
au-dessus de leurs têtes. Les nuages
ont souri et les grandes épinettes
sauvages ont applaudi.

Table des matières

LE PLUS DE
Plus

Réalisation :
Dung Huynh Truong

Une idée de
Jean-Bernard Jobin
et Alfred Ouellet

Avant la lecture

Dans l'environnement de Valentin

Je vis dans la forêt du lac Wayagamac. Me connais-tu ?

1. On me voit sur le dollar canadien, je suis un oiseau aquatique.
   Je peux plonger et rester longtemps dans l'eau, d'où mon autre nom de « plongeur ».
   Je niche au bord de l'eau et on voit des formes géométriques blanches et noires sur mon plumage.
   Je dois mon nom à mon cri particulier.

2. J'ai de longues oreilles.
   Je cours vite.
   Mon pelage brun en été devient blanc en hiver.
   Je vis dans un terrier.

a. castor

b. huard

3. J'ai un pelage brun et des incisives tranchantes.
   J'abats des arbres en les rongeant.
   Je construis des barrages avec des branches, des troncs d'arbres et de la terre.
   Ma queue est aussi longue que mon corps.
   Je dors la queue dans l'eau pour surveiller le niveau de la rivière.

4. J'aime me blottir dans le sable, au soleil.
   J'ai une ouïe exceptionnelle.
   Je suis très méfiante quand je me trouve dans une zone dangereuse.
   Mon autre nom est la « gélinotte ».
   On me considère comme un petit gibier.

c. lièvre

d. perdrix

Petit lexique pour mieux comprendre le texte

Voici un petit lexique qui t'aidera à mieux comprendre le texte.

Chatouiller : toucher légèrement

Une risée : un vent léger

Arpenter : marcher à grands pas

Des confettis : des petits ronds de papier qu'on lance dans les fêtes

Un rondin : petit tronc d'arbre

Se figer : s'immobiliser

Incrédule : qui ne croit pas

Bifurquer : prendre une autre direction

Éraflé : écorché, égratigné

Un ponton : un quai flottant

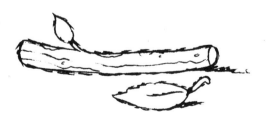

Chasse l'intrus

Tu vas trouver certains des mots ci-dessous dans U*ne histoire de* Valentin.

Chasse l'intrus qui se cache parmi les cinq mots.

1. canoë – chaloupe – pirogue – croisière – barque

2. chalet – roulotte – tente – cabane – voiture

3. un tas – une tonne – un peu – beaucoup – plusieurs

4. épinette – cèdre – sapin – pruche – pommier

5. bleuet – framboise – fraise – citrouille – mûre

6. écuelle – bol – timbale – tasse – fourchette

Au fil de la lecture

Valentin, Alex et Vivianne

Élimine la phrase qui n'est pas juste.

1. Valentin :
   a. Il est fils unique, il a huit ans.
   b. Il est de très mauvaise humeur.
   c. Il s'ennuie au chalet et n'a envie de rien faire.
   d. Il déteste les animaux.

2. Alex :
   a. Il raconte son histoire d'amour avec Vivianne.
   b. Il a eu des « chtouilles » quand il a vu Vivianne pour la première fois.
   c. Il a donné à Vivianne des leçons de tir à l'arc.
   d. Vivianne a gagné un concours.

3. Vivianne :
   a. Elle dit avoir connu Alex lors d'un pique-nique.
   b. Alex lui a écrit sa déclaration d'amour sur l'eau d'un étang.
   c. Valentin n'est pas satisfait et préfère croire la version de son père.
   d. Furieux et déçu, Valentin s'enfuit dans la forêt.

Valentin et Valentina

Sais-tu ce qui va se passer après la fuite de Valentin dans la forêt ?

Replace les phrases dans l'ordre.

1. Valentin a oublié qu'il s'est écorché le genou.

2. Ils pêchent une belle truite, la plus belle selon Valentin.

3. Valentin court dans la forêt et tombe dans un buisson de bleuets.

4. Elle s'appelle Valentina ou Tina, elle a le même âge que lui.

5. Il entend des pas et du bruit dans les feuilles.

6. Une fille apparaît et lui demande s'il s'est fait mal.

Valentin en a gros sur le cœur ce matin-là...

Devine le sens des expressions suivantes. Tu peux retourner au texte.

Bravo si tu as trouvé du premier coup !

1. En avoir gros sur le cœur (p. 11)
   a. être très fâché
   b. avoir beaucoup de peine
   c. être malade

2. La colère lui monte au nez (p. 29)
   a. il n'est plus fâché
   b. il est un petit peu en colère
   c. il sent une grande colère l'envahir

3. Rire dans sa barbe (p. 15)
   a. rire doucement
   b. rire très fort
   c. rire en secret

4. Lancer des œillades (p. 40)
   a. lancer des coups d'œil complices
   b. lancer des regards méchants
   c. regarder droit dans les yeux

Le tir à l'arc

Alex a prêté à Vivianne son arc, sa flèche et son carquois...

Dans l'Antiquité, chez les Grecs et les Romains, le dieu de l'amour était représenté sous la forme d'un jeune garçon tirant à l'arc. Lorsque sa flèche atteignait une personne, elle tombait amoureuse. Comment s'appelle-t-il ?

Le dieu grec
a. Vénus
b. Éros
c. Apollon

Le dieu romain
a. Cupidon
b. Bacchus
c. Aphrodite

Après la lecture

La flore autour du chalet de Valentin

Autour du chalet de Valentin, la végétation est luxuriante, dans la forêt et dans le lac. Voici quelques arbres, plantes et arbustes que tu trouveras si tu t'y promènes. Les reconnais-tu ?

1. un mélèze
2. un bouleau
3. un chêne
4. un nénuphar jaune
5. un plant de bleuets

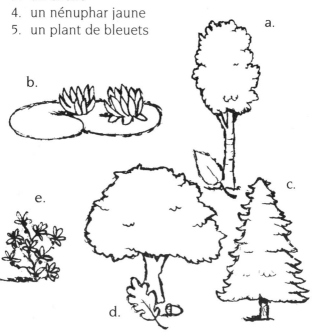

Qui suis-je ?

Les arbres et les plantes suivantes produisent un fruit, un liquide, ou une essence. Fais les associations qui conviennent.

1. Avec ma sève, on fait du sirop.
2. L'essence que je donne est très odorante.
3. On m'utilise pour faire de la confiture, des sorbets et des tartes.
4. Avec mes jeunes plants ou mes racines, on fabrique une boisson brune et sucrée.

a. l'épinette
b. la framboise
c. le pin
d. l'érable

La faune dans les environs du lac Wayagamac

Dans la forêt qui entoure les chalets de Valentin et de l'oncle de Tina, il n'y a pas que des perdrix ou des lièvres, beaucoup d'autres animaux, grands et petits, y vivent. Essaie de les identifier d'après les illustrations.

1. C'est le plus gros mammifère de la forêt, il pousse un cri spécial, sa robe est brune et son bois devient un trophée pour le chasseur qui l'a pris.

2. Il est d'allure élégante, les automobilistes doivent faire attention à ne pas l'écraser, car il traverse souvent les routes. On l'appelle aussi le cerf de Virginie.

3. Elle hiberne pendant les longs mois de l'hiver et sa première apparition, vers le mois de février, annonce l'arrivée prochaine du printemps.

4. Il a une belle queue en panache et se nourrit des glands du chêne, on le voit aussi en ville.

5. Il dort tout l'hiver, aime l'eau d'érable et doit son nom à son habitude de laver sa nourriture avec ses pattes de devant.

a. écureuil

b. raton laveur

c. orignal

d. marmotte

e. chevreuil

Alex et Valentin ont des « chtouilles »

Alex et Valentin ont tous les deux eu des « chtouilles » en rencontrant leur « valentine ». Voici d'autres expressions qui se rapportent aux manifestations de l'amour. Peux-tu deviner ce qu'elles veulent dire ?

1. Avoir le coup de foudre
2. Mains froides cœur chaud
3. Avoir le cœur qui bat la chamade
4. Vivre d'amour et d'eau fraîche
5. Loin des yeux loin du cœur

a. Tomber amoureux très fort et subitement.
b. Lorsqu'on éprouve une grande émotion, le cœur bat fort à un rythme irrégulier.
c. L'amour ou l'affection peut être affaibli par l'absence.
d. Quand on est amoureux, on n'a pas besoin de grand-chose pour vivre et être heureux.
e. La froideur des mains indique le tempérament amoureux.

Si tu donnes ta langue au chat, va à la page des solutions.

Solutions

Avant la lecture

Dans l'environnement de Valentin.
1. b ; 2. c ; 3. a ; 4. d.

Chasse l'intrus
1. croisière ; 2. voiture ; 3. un peu ; 4. pommier ; 5. citrouille ;
6. fourchette.

Au fil de la lecture

Valentin, Alex et Vivianne
1. d ; 2. c ; 3. c.

Valentin et Valentina
3, 5, 6, 4, 1, 2.

Valentin en a gros sur le cœur
1. b ; 2. c ; 3. c ; 4. a.

Le tir à l'arc
Le dieu grec : b
Le dieu romain : a

Après la lecture

La flore autour du chalet de Valentin
1. c ; 2. a ; 3. d ; 4. b ; 5. e.

Qui suis-je ?
1. d ; 2. c ; 3. b ; 4. a.

La faune dans les environs du lac Wayagamac
1. c ; 2. e ; 3. d ; 4. a ; 5. b.

Alex et Valentin ont des « chtouilles »
1. a ; 2. e ; 3. b ; 4. d ; 5. c.

Dans la même collection

Premier niveau

- **Aline et le grand Marcel**
  Christiane Duchesne
- **Les Amours d'Anatole**
  Marie-Andrée Boucher
  Mativat
- **Anatole, le vampire**
  Marie-Andrée Boucher
  et Daniel Mativat
- **L'Araignée souriante**
  Laurent Chabin
- **Chats qui riment
  et rimes à chats**
  Pierre Coran
- **Chèvres et Loups**
  Lisa Carducci
- **Le Cosmonaute oublié**
  Marie-Andrée et
  Daniel Mativat
- **Le Dossier vert**
  Carmen Marois
- **L'Écureuil et le Cochon**
  Micheline Coulibaly
- **Elsie, la chèvre
  orgueilleuse**
  Louise Perrault
- **L'Escale**
  Monique Ponty
- **L'Étoile de l'an 2000**
  Nicole M.-Boisvert
- **Le Fantôme du rocker**
  Marie-Andrée et
  Daniel Mativat
- **L'homme qui venait
  de la mer***
  Robert Soulières
- **Lili et Moi**
  Claudie Stanké

- **Ma voisine, une sorcière**
  Jeannine Bouchard-
  Baronian
- **Mes vacances avec Lili**
  Claudie Stanké
- **La Peur de ma vie**
  Paul de Grosbois
- **Le Roi gris**
  Mireille Brémond
- **Les Trois Souhaits**
  Marie-Thérèse Rouïl
- **Ulysse qui voulait
  voir Paris**
  Monique Ponty
- **Une histoire de Valentin**
  Nicole M.-Boisvert
- **Une journée à la mer**
  Marie Denis
- ■ **Le Bonnet bleu**
  Christiane Duchesne
- ■ **Calembredaine**
  Anne Silvestre
- ■ **Jonas, le requin rose**
  Yvon Mauffret
- ■ **Kouka**
  Missa Hébié
- ■ **Manuel aux yeux d'or**
  Isabelle Cadoré Lavina
- ■ **Le Mendigot**
  Fatima Gallaire
- ■ **Le Monde au bout
  des doigts**
  Marie Dufeutrel
- ■ **La Montaison**
  Michel Noël
- ■ **Les moutons disent non !**
  Johanne Barrette

- Niveau facile
- Niveau intermédiaire

* Texte également enregistré sur cassette.